CACHORROS DE labrador

David y Patricia Armentrout
Traducción de Sophia Barba-Heredia

Un libro de El Semillero de Crabtree

ÍNDICE

CRABTREE
Publishing Company
www.crabtreebooks.com

T0021071

Apoyos de la escuela a los hogares para cuidadores y maestros

Este libro ayuda a los niños en su desarrollo al permitirles practicar la lectura. Abajo están algunas preguntas guía para ayudar al lector a fortalecer sus habilidades de comprensión. En rojo hay algunas opciones de respuesta.

Antes de leer:

• ¿De qué pienso que tratará este libro?
  - *Pienso que este libro es sobre cachorros de labrador.*
  - *Pienso que este libro es sobre cómo los cachorros de labrador son amigables.*

• ¿Qué quiero aprender sobre este tema?
  - *Quiero aprender si un cachorro de labrador sería una buena mascota.*
  - *Quiero aprender si los cachorros de labrador pueden nadar.*

Durante la lectura:

• Me pregunto por qué...
  - *Me pregunto por qué a los labradores les gusta nadar.*
  - *Me pregunto cómo se mantienen calientes en el agua fría.*

• ¿Qué he aprendido hasta ahora?
  - *Aprendí que los labradores son buenas mascotas de familia.*
  - *Aprendí que los cachorros toman leche de su madre.*

Después de leer:

• ¿Qué detalles aprendí de este tema?
  - *Aprendí que los labradores son cafés, amarillos o negros.*
  - *Aprendí que a los labradores les gusta jugar a traer cosas.*

• Lee el libro una vez más y busca las palabras del vocabulario.
  - *Veo la palabra **camada** en la página 5 y la palabra **retrievers** en la página 13. Las demás palabras del glosario están en las páginas 22 y 23.*

Cachorros de labrador

Un **cachorro** de **labrador** puede ser tu mejor amigo.

Las mamás labrador tienen de cuatro a diez cachorros en una **camada**.

Los cachorros toman leche de sus madres.

Los cachorros son cafés, amarillos o negros.

Les encanta correr
y **buscar**.

¡Por eso son llamados **retrievers**!

Es difícil mantener
a un labrador fuera
del agua.

Su grueso **pelaje** los mantiene calientes en el agua fría.

¡Los cachorros de labrador crecen para ser perros grandes y adorables!

Les encanta
ser parte de la
familia.

Glosario

buscar: Buscar significa ir tras algo y traerlo de vuelta.

cachorro: Un cachorro es un perro joven.

camada: Una camada es un grupo de perros u otros animales nacidos al mismo tiempo de una misma madre.

labrador: Labrador es la forma corta de labrador retriever.

pelaje: El pelaje es el suave y grueso pelo o abrigo de un animal.

retrievers: Los retrievers son un tipo de perro que puede ser entrenado para encontrar cosas y traerlas de vuelta.

Índice analítico

Sobre los autores

David y Patricia Armentrout

David y Patricia pasan todo el tiempo que pueden jugando con Gimli, Artie y Scarlett y cuidándolos. Son sus tres queridos perros de familia.

Sitios Web (páginas en inglés):

www.akc.org/dog-breeds/best-dogs-for-kids

www.goodhousekeeping.com/life/pets/g5138/best-family-dogs

Written by: David and Patricia Armentrout

Designed by: Jennifer Dydyk

Editor: Kelli Hicks

Proofreader: Crystal Sikkens

Translation to Spanish: Sophia Barba-Heredia

Spanish-language layout and proofread: Base Tres

Print and production coordinator: Katherine Berti

Photo Credits: Cover: photo shutterstock.com/Eric Isselee. background art shutterstock.com/ Dreamzdesigners. Title page: ©Shutterstock. com/Natalia Fedosova, page 3 ©Shutterstock.com/Nina Buday, page 4 ©Shutterstock.com/VSM Fotografia, page 6 ©Shutterstock.com/ Oksana Mala, Page 8 ©Shutterstock.com/Natalia Fedosova, page 10 ©Shutterstock.com/ataglier, page 12 ©Shutterstock.com/Steve Oehlenschlager, page 14 ©shutterstock.com/ ma30photography page 16 ©Shutterstock.com/maryp, page 18 ©Shutterstock.com/Anna Tronova, page 20 ©Shutterstock.com/LightField Studios.

Library and Archives Canada Cataloguing in Publication

Title: Cachorros de labrador / David y Patricia Armentrout ; traducción de Sophia Barba-Heredia.

Other titles: Labrador retriever puppies. Spanish

Names: Armentrout, David, 1962- author. | Armentrout, Patricia, 1960- author. | Barba-Heredia, Sophia, translator.

Description: Series statement: Cachorros amigos | Translation of: Labrador retriever puppies. | Includes index. | "Un libro de el semillero de Crabtree". | Text in Spanish.

Identifiers: Canadiana (print) 20210246723 |
    Canadiana (ebook) 20210246731 |
    ISBN 9781039619951 (hardcover) |
    ISBN 9781039620018 (softcover) |
    ISBN 9781039620070 (HTML) |
    ISBN 9781039620131 (EPUB) |
    ISBN 9781039620193 (read-along ebook)

Subjects: LCSH: Labrador retriever—Juvenile literature. | LCSH: Puppies—Juvenile literature.

Classification: LCC SF429.L3 A7618 2022 | DDC j636.752/7—dc23

Library of Congress Cataloging-in-Publication Data

Names: Armentrout, David, 1962- author. | Armentrout, Patricia, 1960- author.

Title: Cachorros de labrador / David y Patricia Armentrout ; traducción de Sophia Barba-Heredia.

Other titles: Labrador retriever puppies. Spanish

Description: New York, NY : Crabtree Publishing, [2022] | Series: Cachorros amigos - un libro el semillero de Crabtree | Includes index.

Identifiers: LCCN 2021027940 (print) |
    LCCN 2021027941 (ebook) |
    ISBN 9781039619951 (hardcover) |
    ISBN 9781039620018 (paperback) |
    ISBN 9781039620070 (ebook) |
    ISBN 9781039620131 (epub) |
    ISBN 9781039620193

Subjects: LCSH: Labrador retriever--Juvenile literature. | Puppies--Juvenile literature.

Classification: LCC SF429.L3 A7618 2022 (print) | LCC SF429.L3 (ebook) | DDC 636.752/7--dc23

LC record available at https://lccn.loc.gov/2021027940

LC ebook record available at https://lccn.loc.gov/2021027941

Crabtree Publishing Company

www.crabtreebooks.com   1-800-387-7650

Published in the United States
Crabtree Publishing
347 Fifth Avenue, Suite 1402-145
New York, NY, 10016

Published in Canada
Crabtree Publishing
616 Welland Ave.
St. Catharines, Ontario L2M 5V6

Printed in the U.S.A./092021/CG20210616